DE L'ABOLITION

DE LA

COURSE MARITIME

ET DE LA DÉCLARATION

DU CONGRÈS DE PARIS

PAR

M. HENRY D'ESCAMPS

COMMANDEUR DU NOMBRE EXTRAORDINAIRE
DE L'ORDRE DE CHARLES III D'ESPAGNE,
CHEVALIER DE L'ORDRE DE SAINT-GRÉGOIRE LE GRAND, etc.

« Il est à désirer qu'un temps vienne où les mêmes idées
« libérales s'étendent sur la guerre de mer et que les armées
« navales de deux puissances puissent se battre, sans donner
« lieu à la confiscation de navires marchands et sans faire
« constituer prisonniers de guerre de simples matelots de
« commerce ou les passagers non militaires. Le commerce
« se ferait alors sur mer entre les armées belligérantes,
« comme il se fait sur terre au milieu de batailles que se
« livrent les armées. »

NAPOLÉON.

PARIS
LEDOYEN, LIBRAIRE-ÉDITEUR
GALERIE D'ORLÉANS
—
1858

Le travail qu'on va lire sur la Déclaration du Congrès de Paris était écrit et même imprimé, pour paraître le 15 de ce mois dans la *Revue contemporaine*, lorsque le discours prononcé par l'Empereur à Cherbourg est venu démontrer à l'auteur qu'il ne s'était pas mépris sur l'importance toute particulière qu'on doit attribuer à cet acte, dans la politique générale d'un grand siècle et d'un grand règne.

L'Empereur s'est exprimé en ces termes :

« Il semble qu'il soit dans ma destinée de voir s'accomplir par la paix les grands desseins que l'Empereur, mon oncle, avait conçus pendant la guerre. En effet, non-seulement les travaux gigantesques, dont il avait eu la pensée, s'achèvent ; mais encore, dans l'ordre moral, les principes, qu'il avait voulu faire prévaloir par les armes, triomphent aujourd'hui par le simple effet de la raison. Ainsi, l'une des questions pour lesquelles il avait lutté le plus énergiquement, la *liberté des mers*, que consacre le droits des neutres est résolue d'un commun accord : tant il est vrai que la postérité se charge toujours de réaliser les idées d'un grand homme. »

L'autorité qui s'attache au paroles du Souverain a précisé, ainsi, d'une manière solennelle, le sens et la portée de la déclaration du 16 avril 1856? Cet acte célèbre, par lequel il a été donné à Napoléon III de consacrer des traditions séculaires qui sont le patrimoine même de la civilisation et de la monarchie, restera désormais, dans l'histoire, comme l'un des plus nobles triomphes de la diplomatie française et comme l'une des plus belles pages de la carrière du Ministre éminent qui a présidé le Congrès de Paris.

Nous avons cru qu'il ne serait pas tout à fait inutile de réimprimer notre travail, moins à cause de la grandeur du sujet que parce que, se rattachant aux intérêts communs du monde entier, les notions qu'il contient ne sauraient être trop répandues. Le seul mérite de cette étude, c'est d'être, sous une forme très-brève, un résumé complet de la matière. Nous offrons donc avec confiance, notre travail à ceux qu'intéressent les questions de Droit des Gens et de Droit maritime, aux diplomates, aux marins, aux commerçants, à tous les amis enfin, chaque jour plus nombreux, de notre chère France.

Paris, 23 août 1858.

L'abolition de la course est un des faits les plus considérables qui se soient produits depuis longtemps, nous ne dirons pas seulement dans la politique extérieure du gouvernement de l'Empereur, mais dans l'histoire du dix-neuvième siècle et des deux siècles qui l'ont précédé. L'acte du 16 avril 1856 et les adhésions, à peu près unanimes, qui sont venues le compléter et le sanctionner, ont une importance politique que personne ne peut méconnaître. C'est une véritable revolution opérée dans le droit des gens par des voies toutes pacifiques et du consentement des deux plus grandes nations du globe. Les journaux de l'Europe, ainsi que ceux du Nouveau Monde, se sont occupés de cette grave question. Quelques-uns l'ont traitée avec talent et maturité, la plupart avec passion. La passion obscurcit les discussions, au lieu de les éclairer : elle a tenu trop de place dans celle-ci et elle a donné le change sur les circonstances et les mobiles qui ont dicté la déclaration du Congrès de Paris. Il nous a paru qu'il ne serait pas inopportun, dans un débat si élevé, d'éclairer l'opinion publique sur ces matières, au lieu de la laisser s'égarer à la suite de doctrines surannées qui ne sont plus ni de notre temps ni de notre pays, et dont on trouve malheureusement encore des partisans attardés. En plaçant sous les yeux des lecteurs les diverses phases de cette question si délicate et de la législation qui la concerne, nous parlerons de la déclaration du Congrès comme en parlera l'impartiale postérité, et nous en préciserons la portée, après en avoir raconté l'histoire et caractérisé l'esprit.

Aussi bien, le moment nous semble favorable pour appeler l'attention publique sur cette belle partie de notre droit public, si négligée de nos jours, et qui embrasse les intérêts du monde. De toutes les branches de la législation, il n'en est peut-être pas de moins étudiée que le droit des gens. L'aridité apparente du sujet et la méthode un peu formaliste des anciens publicistes de la diplomatie en éloignent parfois les esprits les mieux doués et il n'est pas rare de rencontrer de par le monde des hommes, distingués d'ailleurs, pour lesquels cependant ces questions sont, pour ainsi dire, lettres mortes. Beaucoup de personnes, de celles même qui ne sont point étrangères aux sciences morales et politiques, ne se rendent que très-imparfaitement compte de tout ce qui est relatif à la course maritime, aux prises, aux droits et aux devoirs des neutres, à la liberté ou à la clôture des eaux, en un mot, à ce qu'on appelle la diplomatie de la mer. Cette science du droit public de l'Europe, qui tend à devenir aujourd'hui le droit public du monde entier, mérite d'autant plus d'arrêter les méditations des hommes d'État, que les liens qui rapprochent les nations se sont resserrés d'une manière extraordinaire depuis un quart de siècle, et qu'ils tendent à se resserrer plus étroitement encore. L'extension toujours croissante des voies ferrées, le développement de la navigation à vapeur, la découverte de l'électricité, messagère ingénieuse et docile de nos correspondances, devenues rapides comme la pensée même, toutes ces circonstances exceptionnelles ont transformé l'Europe. Elles réunissent les peuples en une grande famille, selon le vœu de Napoléon Ier, et ce rapprochement réclame un droit uniforme qui réponde à des besoins communs. La solidarité des capitaux, dont le marché était, il y a si peu de temps encore, à Londres, à Vienne et à Hambourg, et se trouve maintenant à Paris, s'est étendue avec les moyens nouveaux de transport sur tous les points de l'Europe où il y a de grands travaux publics à commanditer. La puissance financière de la France rayonne donc sur une circonférence dont Paris est le centre. Cet échange de capitaux, qui mêle les fortunes et donne ouverture à des transactions de toute sorte, fait sentir d'une manière plus sensible encore le bienfait de la paix. Elle démontre ensuite la nécessité de cette législation internationale dont les bases devront changer et se modifier selon les intérêts qu'elle est appelée à sauvegarder. De là, ces considérations multiples qui, toutes les fois qu'un différend surgit entre deux nations, viennent jeter leur poids dans la balance de la diplomatie de la France, et qui ont donné, dans ces derniers temps, à ses actes pacifiques une importance presque égale et, quelquefois même, supérieure à celle de ses armes. Les considérations qui précèdent démontrent que, loin d'être négligé comme aride, le droit des gens devrait être, au contraire, de nos jours, l'objet d'une étude particulière, car son importance s'accroît à mesure que le cadre des événements s'élargit et que la paix s'affermit pour pénétrer dans les mœurs et les habitudes des peuples. C'est donc une étude toute d'à-propos : nous croyons, pour notre part, qu'il n'en est pas de plus belle. Nous allons voir, dans la question spéciale qui nous occupe, comment deux grandes nations ont été amenées, en se conformant aux idées de leur temps, à adopter des principes nouveaux pour une situation nouvelle.

Dans l'antiquité païenne, la guerre déclarée de peuple à peuple se poursuivait aussi d'individu à individu. On voyait alors ces collisions sanglantes, ces meurtres, ces incendies, ces vols à main armée, cette confiscation arbitraire des biens, cette violation de tous les droits et de tous les sentiments, qui transformaient en ennemis irréconciliables les nationaux appartenant à deux puissances belligérantes. Le pillage sur terre, la piraterie sur mer, tel était en deux mots l'ancien droit. Des philosophes, des jurisconsultes, des écrivains ont fait l'apologie de la déprédation comme d'un domaine naturel. Le vieux droit romain plaçait la déprédation au nombre des moyens d'acquérir légalement la propriété. Sa maxime était celle-ci : « *Ea quæ ex hostibus capiuntur, jure gentium, statim nostra fiunt.* » Jusque dans les temps modernes, Grotius et Vattel s'appuyaient sur l'autorité de Cicéron pour légitimer le pillage, et disaient, d'après lui, « qu'il est naturel que l'on puisse dépouiller celui que l'on pourrait tuer sans forfaire à l'honneur. » Bynkershoeck émet le principe que la guerre légitime tout, et qu'on peut frapper, avec la même rigueur, les hommes armés et ceux qui ne le sont pas, en recourant, au besoin, à l'empoisonnement, à l'assassinat et à l'incendie. « Faites contre moi ce que vous pourrez, je ferai de mon côté contre vous ce qui me sera possible ; » telle est, dit Puffendorf, l'espèce de convention résultant de la guerre (1). « Le but des guerres maritimes, dit un juriste américain distingué, est la destruction du commerce et de la navigation de l'ennemi, qui sont les sources et les nerfs de la puissance navale. Ce but ne peut être atteint que par la capture et la confiscation de la propriété privée. » — « Si le ravage ou la dévastation du pays ennemi est nécessaire pour arriver au juste but de la guerre, il peut être employé légalement (2). » Telles sont les règles barbares de l'ancien droit, qui ont longtemps régi le droit moderne :

(1) Puffendorf, liv. VIII, ch. V, § 7.
(2) Wheaton, *Eléments du Droit international*, t. II, p. 6, § 6.

mais, dès le moyen âge et sous l'influence des idées chrétiennes, ces principes commencèrent à se modifier. Les rois, les papes, les évêques, les légistes, les philosophes s'entendirent, dans un commun effort, pour amener les gouvernements à adoucir les maux de la guerre, à localiser et à restreindre, autant que possible, le cercle de ses opérations terribles.

Dès les premiers temps de la monarchie française, il faut le dire à son honneur, la course maritime elle-même fut une entreprise régulière et qui joua un rôle comme auxiliaire de la puissance publique, qui la précéda même, lorsque la marine de l'État n'existait pas encore. C'est ce que nous voyons dans ses annales. Ce serait une grande erreur de croire que la course ait été, en France et en aucun temps, une opération hasardeuse, sans contrôle, sans responsabilité, n'ayant pour but que le gain et placée par la conscience publique sur les confins de la piraterie. L'histoire nous apprend, au contraire, qu'elle ne cessa jamais d'être réglée, et que, plus elle se rapprocha de nous, plus elle fut l'objet d'une législation prévoyante et sérieuse. L'arrêté du 2 prairial an XI, qui, au commencement de ce siècle, en a posé les règles et déterminé l'action, est tout un code de prescriptions qui faisait de la course une opération aussi honorable, aussi régulière, aussi entourée de garanties que toute autre opération de commerce.

Au moyen âge et même au seizième siècle, la course maritime, au point de vue du droit, était un progrès notable; car elle supposait la reconnaissance de ce principe, que la guerre ne se ferait désormais que d'État à État, puisque la course ne fut jamais, même aux yeux des publicistes qui l'ont le plus critiquée, qu'une délégation de l'exercice de la souveraineté armée. En effet, les gouvernements, en permettant les armements en course, cédèrent à des particuliers une partie de cette souveraineté, en les autorisant à courir sus aux ennemis de l'État. Un caractère public était conféré à des armateurs; l'État leur fournissait des vaisseaux, des munitions, de l'artillerie et quelquefois même leurs équipages. L'État, ainsi que nous venons de le dire, soumettait, de plus, ces sortes d'entreprises à des lois sévères. Enfin, le souverain remettait aux corsaires un titre qui établissait la délégation de sa souveraineté, c'étaient des lettres *de marques* ou *de marches*, ainsi appelées parce qu'elles avaient pour but de défendre de l'atteinte de l'ennemi les *marches* ou frontières menacées d'envahissement. La course n'était donc pas, comme on pourrait le croire, une réglementation du brigandage maritime, colorée du prétexte de la guerre et de la nécessité des représailles. C'était, comme nous l'avons dit, une entreprise commerciale sérieuse entourée de garanties et qui devenait, la plupart du temps, une auxiliaire glorieuse de notre flotte militaire lorsqu'elle prit naissance, et qui, lorsqu'elle n'existait pas encore, la suppléa longtemps.

C'est ainsi qu'au temps où la France n'avait pas encore de marine militaire et que la centralisation de ses finances ne lui permettait pas, comme aujourd'hui, de faire face par terre et par mer aux grands intérêts de la défense des frontières et des côtes, elle employait dans ce but des *forbans* pour couvrir ses côtes, et des *partisans* pour couvrir ses frontières. Plus tard, le mot forban est devenu synonyme de celui de pirate, comme celui de chenapan est devenu le synonyme de celui de partisan. Cette métamorphose de héros en brigands, produite par les variations de la langue française, et un peu par la mauvaise réputation de ces héros, déconsidéra insensiblement ces deux auxiliaires de la puissance militaire du pays, et l'on oublia bien vite les services des troupes franches, comme ceux de nos glorieux corsaires, pour ne se souvenir que du renom de déprédation qui se trouvait, à tort ou à raison, attaché à deux mots, qualifications désormais inséparables de leurs exploits de terre ou de mer.

C'est à la France que revient l'honneur d'avoir, la première, exigé des corsaires qu'ils fussent munis d'une commission en règle. Une ordonnance de Charles VI, de l'année 1400, rapportée dans le Code des prises de Lebeau, donna à l'amiral de France le droit d'accorder des lettres de marque et de prononcer sur *toutes les infractions commises par les porteurs de ces lettres*. En 1487, l'archiduc Maximilien rendit une ordonnance semblable pour les Pays-Bas, et, depuis lors, ce noble exemple devint la règle du droit des gens en Europe. François Ier, en 1543, renouvela les prescriptions de l'ordonnance de Charles VI. C'est sous l'empire de cette législation que, pour empêcher les Anglais de se fortifier dans Boulogne, le roi-chevalier voulut faire croiser une flotte dans la Manche; mais François Ier n'avait pas un vaisseau disponible pour un aussi grand objet et il fut forcé de s'adresser au célèbre Ango, de Dieppe, qui mit à sa disposition une flotte puissante et considérable. En 1555, sous Henri II, la gouvernante des Pays-Bas, ayant saisi tous les navires français qui se trouvaient dans ses ports, le roi de France résolut, par justes représailles, d'interrompre les relations entre l'Espagne et la Hollande, mais il était aussi dépourvu de marine que son père et il fut également dans la nécessité de recourir aux habitants de Dieppe. Dix-neuf navires furent équipés instantanément et livrèrent aux Espagnols une bataille qu'ils gagnèrent. Henri III maintint la législation relative à la course, par une ordonnance de 1584. Enfin les ordonnances royales de 1650, 1674, 1681 et 1688, consacrèrent et régularisèrent, au dix-septième siècle, la délivrance aux corsaires des lettres de marque.

A cette époque, la marine française avait pris son rang et la course ne fut plus désormais que l'auxiliaire de la flotte. Les corsaires furent, dès lors, assimilés aux navires de guerre et les marins qui armaient en course obtinrent du roi de véritables commandements. Il n'est personne qui ne sache que Jean Bart fut activement employé par Louis XIV sur sa flotte et qu'il exerça une autorité officielle comme chef d'escadre. L'armée navale qui, sous Duguay-Trouin, fit l'expédition de Rio-Janeiro n'était composée que de navires armés en course. Pour encourager ses corsaires, le roi de France prenait part aux bénéfices comme aux risques de leurs prises. C'est ainsi que, par son ordonnance de 1674, Louis XIV établit les conditions auxquelles il prêterait ses navires pour la course maritime. Le dixième de l'amiral prélevé, il se réservait un tiers dans les prises. Pour favoriser encore plus les armements, il consentit le 8 novembre 1688, une renonciation à ce tiers qu'il renouvela en 1691. Le 6 octobre 1694, un nouveau règlement attribua au roi un cinquième des prises. Quand vinrent les mauvais jours, le 1er juillet 1709, Louis XIV crut devoir renoncer de nouveau à ce cinquième. Nous avons dit que le gouvernement fournissait aux corsaires des munitions et des bâtiments. Aux termes du règlement de 1688, les vaisseaux du roi devaient être livrés aux corsaires en bon état, avec les munitions, agrès et rechanges nécessaires, et ceux-ci n'étaient tenus à restituer ces mêmes vaisseaux que dans l'état, quel qu'il fût, où les avaient mis « le combat ou la fortune de mer. » Tel fut l'esprit du règlement de 1688 et de celui de 1691, qui domina le régime de la course pendant tout le dix-huitième siècle. Le gouvernement de Louis XV lui-même prêta des navires aux corsaires. Il alla plus loin, il permit de composer leurs équipages, ainsi que nous l'apprend le règlement du 15 novembre 1745, « avec les officiers mariniers et matelots levés d'autorité par les commissaires de la marine, *ainsi qu'il en est usé à l'égard des armements faits par Sa Majesté.* »

Pendant les deux siècles qui ont précédé le nôtre, la course, ainsi réglementée comme l'auxiliaire de la puissance publique, devint, sous l'impulsion même du gouvernement, un moyen de défense et de diversion dont on ne peut nier l'action. C'était l'époque où notre marine ne possédait pas encore le rang que lui assurent aujourd'hui l'organisation de nos équipages, le caractère, la bravoure et le savoir de nos officiers, et surtout la puissance de nos finances qui sont les premières du monde. En inquiétant le commerce ennemi, nos corsaires rétablissaient l'équilibre en notre faveur, multipliaient de cette manière nos forces souvent peu nombreuses, et frappaient nos adversaires avec succès en paralysant leurs opérations. Nous n'avons point à nous occuper ici, dans une étude de droit maritime, des hauts faits qui ont immortalisé nos corsaires. Ces exploits sont écrits dans les annales de nos ennemis aussi bien que dans les nôtres et sont une partie intégrante de notre gloire. Disons seulement, à la gloire de ces corsaires fameux, dont quelques-uns peuvent être qualifiés de héros, que loin de s'adresser à d'inoffensifs bâtiments de commerce, les plus célèbres d'entre eux, Ango, Jean Bart, Duguay-Trouin, Robert Surcouf abordaient particulièrement les vaisseaux de guerre. Ces admirables marins ont illustré leur nom et leur pavillon par de véritables combats, pages immortelles de notre histoire maritime. Après le désastre de la Hogue, l'armement en course devint même la seule ressource de la France pour lutter contre la marine militaire de la Hollande et de l'Angleterre. C'était moins par ses flottes que par ses corsaires, dit un historien, que la France dominait les mers. Il sortait continuellement des ports de France des escadres montées par Duguay-Trouin, Jean Bart, Forbin, Nesmond, Pointis, Ducasse, qui enlevaient tous les convois, ou bien de simples navires, montés par d'intrépides marins, qui s'aventuraient à des expéditions lointaines avec une audace presque fabuleuse. On trouvait les corsaires français partout : ils apparaissaient à la fois sur toutes les côtes, ils affrontaient de gros navires, perçaient une grande flotte, semblaient se jouer des vents comme des ennemis, puis ils rapportaient les dépouilles des marchands de Londres et d'Amsterdam à Dunkerque, à Dieppe, au Havre et à Saint-Malo. En neuf ans, Saint-Malo captura, à elle seule, deux cent soixante-deux vaisseaux de guerre et trois mille trois cent quatre-vingts bâtiments marchands. Nous ne dirons rien des exploits de nos corsaires du temps de Louis XVI et sous la République. Pendant la guerre de l'Indépendance de l'Amérique, les corsaires de la France et de l'Espagne brillèrent au premier rang. Les corsaires de la République française eurent aussi leurs grands jours et précédèrent dignement ceux du Consulat et de l'Empire.

Lorsque le Premier Consul arriva au pouvoir et qu'il entrevit cette lutte maritime, legs de la monarchie, qu'il allait avoir à soutenir contre l'Angleterre, il n'hésita pas à se servir des armements en course, comme l'avaient fait les rois, ses prédécesseurs. Personne n'ignore que la période qui s'étendit de 1799 à 1815 fut, sans contredit, l'époque la plus brillante de la course française. Nos pères ont conservé le souvenir de ces luttes ardentes qui semblent éteintes si complétement aujourd'hui. Les corsaires français ont donné sous l'Empire, plus encore que sous Louis XIV, la mesure de leur intrépidité, de leur adresse et de toutes les qualités guerrières propres à notre génie national. Ils ont même communiqué leur mâle énergie, au delà des mers, à leurs compatriotes des Antilles. Livrés à leurs propres forces, loin de la mère patrie, les corsaires de la Guadeloupe et de la Martinique se sont couverts de gloire, pendant de longues années.

Ainsi que nous l'avons dit, l'arrêté du 2 prairial an XII, qui reproduisit, en le complétant, l'arrêté de germinal an VIII, fut le Code dans lequel l'esprit de la législation moderne se montra tout entier. Cet arrêté, hier encore en vigueur, réglementa, avec le plus grand soin, cette matière si délicate et si difficile des armements en course. Il la réglementa admirablement. Tout, en effet, s'y trouve prévu, depuis les lettres de marque, leur délivrance et leur sens, jusqu'au cautionnement et à la responsabilité civile des armateurs, depuis l'armement et la composition des équipages jusqu'à la formation des sociétés pour la course et à la liquidation des prises. On se rend difficilement compte aujourd'hui de l'ardeur passionnée avec laquelle se formaient, parmi les capitalistes de nos ports, ces sociétés pour la course, qui avaient autant de vogue alors qu'en ont, de nos jours, les sociétés en commandite ordinaires, dans la Bourse de nos grandes villes. Les garanties de toute nature, conformes au progrès des mœurs et relatives aux intérêts des actionnaires et des armateurs, furent stipulées dans l'arrêté de prairial an XI. Déjà, en vertu de la loi du 26 ventôse an VIII, le gouvernement consulaire avait réorganisé les tribunaux chargés de régler les contestations en matière de prises maritimes. L'arrêté du 6 germinal an VIII institua, à Paris, un conseil des prises, et créa, dans chaque port, en France, dans les colonies et dans les pays neutres, des tribunaux spéciaux, dits commissions des ports, qui furent chargés de l'instruction des prises, confiée aux amirautés, sous l'ancien régime, et aux juges de paix, sous la République (1).

Nous avons donné au lecteur une esquisse des législations diverses qui ont réglementé la course depuis son origine, et des actes de nos souverains qui l'ont particulièrement patronnée et encouragée. Nous avons voulu, par là, montrer que la course fut une institution utile, qui rendit à l'État et au pays de véritables services, soit qu'elle suppléât, en la précédant, notre marine militaire, soit qu'elle

(1) Le tribunal des prises fonctionna jusqu'en 1814, époque à laquelle ses attributions furent dévolues au conseil d'État. Les décisions du conseil des prises de l'Empire ont formé toute une jurisprudence sur cette matière, dont les éléments ont fourni à MM. de Pistoie et Duverdy l'occasion de publier récemment un ouvrage plein de faits, dans lequel nous avons trouvé de très-utiles lumières, le *Traité des prises maritimes*, (In-8°, 1855. Paris, Durand.)

lui servît plus tard d'auxiliaire. Comment la course a-t-elle pu disparaître presque instantanément, l'année dernière, par une simple déclaration du Congrès de Paris et du consentement de ces mêmes gouvernements qui l'avaient si longtemps patronnée, encouragée, récompensée? C'est ce que nous expliquerons tout à l'heure. Constatons, d'abord, quelles furent les fluctuations de l'opinion à son égard. Tout utile qu'elle fût, elle ne cessa d'être l'objet des critiques et des suspicions des philosophes et de quelques hommes d'État. Les publicistes qui s'occupent du Droit des gens et qui vivent d'ordinaire dans l'atmosphère des chancelleries, étant moins accessibles aux impressions de sentiment qui frappent plus particulièrement les écrivains abstraits, et vivant au milieu des lois et des traités qui ont pour mission de prévoir et de refréner les passions des hommes, ces publicistes ne se résignèrent que fort tard à abandonner ce moyen de guerre (1). Ainsi, Valin défend avec passion la course, que le dix-huitième siècle commençait à ébranler par la voix de ses philosophes : « Quelque ancienne et autorisée que soit cette manière de faire la guerre, dit-il, il est, néanmoins, de prétendus philosophes qui la désapprouvent. Selon eux, ce n'est pas ainsi qu'il faut servir l'État et le prince, et le profit qui en peut revenir aux particuliers est illicite, ou du moins honteux. Mais ce n'est là qu'un langage des mauvais citoyens qui, sous le masque imposant d'une fausse sagesse et d'une conscience artificieusement délicate, cherchent à donner le change, en voilant le motif secret qui cause leur indifférence pour le bien et l'avantage de l'État. Autant ceux-ci sont blâmables, autant méritent d'éloges ceux qui, généreusement, exposent leurs biens et leurs vies aux dangers de la course (2). » Nous venons de donner l'opinion du célèbre commentateur de la grande Ordonnance de la marine; nous allons transcrire celle de Mably : « Comment, s'écrie l'historien philosophe, des nations qui regardent le commerce comme le fondement le plus solide de leur grandeur et qui font tant d'efforts pour étendre leurs correspondances, n'ont-elles pas compris jusqu'à présent combien il leur serait avantageux de convenir entre elles de quelques articles propres à assurer la navigation de leurs commerçants en temps de guerre? Interrogez les négociants anglais, hollandais, français; leur réponse sera la même. Ils voient avec horreur les armements en course, et ils apprendraient, avec la plus vive satisfaction, qu'à la paix prochaine les puissances belligérantes se sont promis, en cas de rupture, de ne plus permettre à leurs sujets le

(1) Voir à cet égard la doctrine de Vattel (liv. I, chap. VII, § 81), et celle de Puffendorf (liv. VIII, chap. VI, § 7).

(2) Valin, *Commentaire sur l'Ordonnance de* 1681, titre IX, *Præmium.*

métier de corsaire et de défendre à leurs vaisseaux d'insulter les navires marchands ennemis et de s'en saisir (1). »

La révolution française, qui essaya si souvent de faire passer dans les faits les théories des philosophes, professa, sur la question de la course, la même mobilité d'esprit et d'opinion que sur toutes les questions morales. De même que Robespierre demanda à ses débuts l'abolition de la peine de mort et inonda, plus tard, les échafauds du sang français le plus pur, de même, par suite de contradictions analogues, après avoir attaqué la saisie sur mer des navires de commerce ennemis, le gouvernement de cette époque rendait la loi du 29 nivôse an VI, qui méconnaissait les droits des puissances neutres, déclarait confiscables les marchandises ennemies sous pavillon neutre et établissait en principe qu'on ne jugerait la nationalité des navires que d'après celle de la cargaison. Le 29 mai 1792, le comité diplomatique de l'Assemblée législative, par l'organe du député Kersaint, avait invité Louis XVI à abolir la course, sauf à en demander ensuite la suppression auprès des autres nations par la voie des ambassadeurs. Le préambule de ce projet de décret résumait les opinions de la philosophie contraires à la course. Il disait : « L'Assemblée nationale, considérant que la guerre étant l'acte le plus éminent de la souveraineté des peuples, ne peut se faire légalement que par les nations elles-mêmes, et non par les particuliers et pour leur compte ; qu'il est de l'intérêt de toutes les nations policées de l'Europe de proscrire et d'abjurer l'usage de faire la guerre par la voie des corsaires ou armateurs particuliers... ; que, loin d'accélérer la marche de la guerre vers son terme, elle aigrit, au contraire, les peuples dont elle ruine les particuliers..., etc. (2). » Cette politique, essentiellement naïve, qui consistait à retirer des mains de la nation, pour obéir à des théories spéculatives, les armes mêmes qu'on abandonnait aux mains des ennemis, ne trouva pas, il faut le dire, malgré l'effervescence des idées du moment, de bien grands partisans dans l'Assemblée. Tout au contraire, elle y rencontra dans Vergniaud un adversaire résolu, dont quelques mots, pleins de sens, firent instantanément justice du projet de décret. « Je ne nie point, dit Vergniaud, la justesse des principes qui ont été mis en avant et je désire qu'ils puissent bientôt trouver leur application ; mais je dis que s'il n'y a pas folie, il y a, au moins, de l'imprudence à vouloir qu'une nation, agissant isolée, sacrifie sa sûreté, comme on nous propose de le faire... Faisons des vœux pour l'abolition de la course, cette barbarie ; mais n'abandonnons pas un droit qui nous mettrait

(1) Mably, *Droit public de l'Europe*, liv. II, chap. XII, p. 310.
(2) *Moniteur* du 1er juin 1792, p. 633.

sous le glaive de l'ennemi. » Après avoir entendu ces judicieuses paroles, on applaudit, à ce que rapporte le *Moniteur*, et l'on décréta à la presque unanimité des voix, la prise en considération de la proposition de Vergniaud.

Lorsqu'au commencement de ce siècle, l'ordre revint dans les faits, comme dans les idées et dans les discours, on parla de la course comme on devait en parler. Dans la discussion qui précéda la loi du 26 ventôse an VIII, et qui allait amener l'institution du tribunal des prises, M. Émery, qui avait été député de Saint-Malo à la Législative, et qui était devenu conseiller d'État, fut chargé de soutenir la discussion, et le fit avec talent, en exposant les seuls principes qu'il y eût à soutenir : « A la direction des forces maritimes, dit-il, tient essentiellement celle de la course. La course est un genre de guerre dont les règles particulières ne sont que les lois mêmes de la guerre appropriées à ce genre. Les armateurs, que l'espoir d'un butin légitime engage à développer leurs moyens personnels contre l'ennemi de la nation, en deviennent les troupes auxiliaires ; mais ils ne sont pas plus que la nation au-dessus des principes du droit des gens, qui déterminent dans quels cas, de quelle manière, et jusqu'à quel point il est permis de nuire à son ennemi. Le gouvernement doit veiller à ce que ces principes soient respectés par les armateurs ; car leur violation couvre d'opprobre les peuples qui se la permettent ou qui la tolèrent. Il doit prévenir l'usage abusif des forces qu'il permet aux armateurs de déployer contre l'ennemi et réprimer les contraventions que l'ardeur immodérée du butin pourrait faire commettre au préjudice des lois de la guerre et des principes du droit des gens. A plus forte raison, le gouvernement doit-il empêcher que les armements dirigés contre un ennemi ne servent à vexer, à spolier les neutres, amis ou alliés de la République... Faites à l'ennemi tout le mal que la guerre autorise, respectez les droits de la neutralité, plus encore ceux de l'alliance et de l'amitié... Voilà l'abrégé des conditions sous lesquelles la course est permise et sans lesquelles elle ne serait qu'une véritable piraterie. » Enfin, Portalis, en installant le conseil des prises, prononçait ces belles paroles, qui témoignaient des signes avant-coureurs de la disparition prochaine de la course : « Entre deux nations belligérantes, les particuliers dont cette nation se compose ne sont ennemis que par accident. Ils ne le sont point comme citoyens : ils le sont uniquement comme soldats. Faire, en temps de paix, le plus de bien, et, en temps de guerre, le moins de mal possible : voilà le droit des gens. »

La doctrine de Portalis était celle de l'empereur Napoléon Ier. Qu'on relise le décret de Berlin, ainsi que toutes les pièces qui concernent le blocus continental et l'on y trouvera, hautement proclamés, les principes qui assimilent, quant à ses effets, la guerre de mer à celle de terre, et protégent, dans l'une comme dans l'autre, les nationaux non engagés dans le métier des armes. L'Empereur, à Sainte-Hélène, alla plus loin et entrevit, dans les replis de l'avenir, la possibilité de la liberté absolue du commerce en temps de guerre maritime. Il sollicitait de ses vœux l'avénement de ces principes. Il dicta, sur ce sujet, les lignes suivantes : « Il est à désirer qu'un temps vienne où les mêmes idées libérales s'étendent sur la guerre de mer, et que les armées navales des deux puissances puissent se battre, sans donner lieu à la confiscation des navires marchands et sans faire constituer prisonniers de guerre les simples matelots de commerce ou les passagers non militaires. Le commerce se ferait alors sur mer entre les armées belligérantes, comme il se fait sur la terre au milieu des batailles que se livrent les armées. »

Un publiciste distingué, vieilli dans le maniement des affaires extérieures et dont le nom fut, dans son temps, dès le règne de Louis XVI, l'honneur du département des affaires étrangères, Gérard de Rayneval, plaida pour les mêmes idées dans son *Traité du Droit de la Nature et des Gens*. Voici comment il s'exprime à cet égard avec une véhémente émotion : « On ne pille ni les magasins ni les marchands qu'on rencontre en pays ennemi. Pourquoi donc les pille-t-on sur la mer, qui est un élément libre, et quel rapport ce pillage a-t-il avec le but de la guerre, avec les principes du droit des gens (1)? »

Tel était l'état de la doctrine et de l'opinion publique en ce qui concerne la course, lorsqu'elle sembla tomber d'elle-même en désuétude. Pour ne citer qu'un exemple, dans la guerre d'Espagne, en 1823, la France n'arma pas de corsaires. Dès l'origine de la guerre avec la Russie, les deux grandes puissances alliées manifestèrent l'intention de ne point délivrer de lettres de marque à leurs nationaux. La course maritime, qui avait joué un si grand rôle dans la lutte des deux premières nations du globe, qui avait rendu à la France, notamment, des services si essentiels, était condamnée d'un accord unanime. Comme toutes les institutions de ce monde, qui ont rendu les services qu'on est en droit d'en attendre, elle avait fait son temps. Depuis que l'acte du 16 avril 1856 en a prononcé officiellement l'abolition, il s'est trouvé bon nombre de publicistes qui, ne voulant pas ou ne sachant pas voir dans les faits politiques ce qu'ils contiennent en réalité, ont recherché les causes de l'aboli-

(1) Gérard de Rayneval, *Institutions du droit de la Nature et des Gens*, liv. III, chap. XVI. Paris, 1803 et 1851, in-8°.

tion de la course, non dans les causes générales et naturelles qui ont guidé sur ce terrain la France et l'Angleterre, mais seulement dans les circonstances de second ordre qui ont dû en faciliter l'accord.

Quelles sont les causes générales et naturelles qui ont déterminé l'abolition de la course? Ces causes sont de plusieurs natures et sont puisées dans les plus hautes régions de l'histoire. La première de toutes, et qui a dû frapper très-vivement l'esprit des hommes d'État des deux nations, c'est que la course était devenue complétement inutile par suite de l'accroissement des deux marines de la France et de l'Angleterre, qui leur permet de se mesurer noblement, avec dignité et avec chance égale de succès. La seconde, c'est que, même dans le passé, le but principal pour lequel se font les armements en course n'avait jamais été atteint. Il était de principe que la course, en inquiétant le commerce ennemi, en tarissant chez lui la source de la richesse, en lui enlevant l'argent, les hommes et les vaisseaux, l'obligeait à la paix malgré lui; à ce point de vue, la course alors eût été un bienfait. Or, ce principe, admis par l'ancien droit des gens, et qui eut, comme nous l'avons reconnu, d'utiles applications à une époque où les marines militaires n'étaient pas constituées comme aujourd'hui, demeurait, dans notre temps, sans aucune efficacité, ainsi qu'on avait pu le voir dans la dernière lutte de la France et de l'Angleterre, celle qui avait marqué la fin du siècle dernier et le commencement de celui-ci. L'histoire était là, malheureusement, pour renseigner les cabinets sur l'impuissance de la course à abréger la guerre, en fatiguant le commerce ennemi. Nos pères avaient assisté à une lutte gigantesque, l'une des plus longues, des plus meurtrières et des plus acharnées qu'ait enregistrées l'histoire, et cette lutte n'avait pas été interrompue un seul instant, si ce n'est dans la courte trêve produite par le traité d'Amiens. Malgré les corsaires, malgré les prises de cargaisons, d'hommes, de bâtiments et d'argent, la guerre avait continué, et ni les alarmes, ni les pertes, ni les réclamations du commerce n'avaient pu l'arrêter. La course était dès lors jugée : elle n'empêchait pas, elle n'abrégeait pas la guerre. Il n'y avait donc aucune utilité à la faire revivre. Ainsi, d'une part, la France se sent assez forte pour pouvoir entrer en ligne avec telle marine que ce soit, et, d'autre part, elle reconnaît que la course n'atteint point le but pour lequel elle est instituée, qui est d'abréger la guerre. Un obstacle secondaire l'arrêtait pourtant. L'Angleterre avait peut-être plus d'intérêt qu'elle à l'abolition des armements en course, et si la France y eût renoncé sans compensation, on n'eût pas manqué de dire avec raison ce que disait Vergniaud en 1792, « qu'elle abandonnait un droit et nous mettait sous le glaive de l'ennemi. » En effet, la marine de l'Angleterre est essentiellement marchande, et son commerce, obligé de passer pour rentrer chez elle à travers cet étroit pertuis qu'on appelle la Manche, était particulièrement inquiétée par l'intrépidité de tous ces corsaires français, s'élançant sans cesse sur elle de tous les points de la côte de France. Il était donc plutôt de son intérêt que de celui de la France de renoncer à l'exercice de la course : elle le savait, et ses hommes d'État n'ont pas hésité à avouer depuis que cette mesure leur avait toujours paru d'une importance particulière (1). C'est alors que la France, dont le rôle est de sauvegarder non-seulement ses intérêts propres, mais aussi de stipuler en faveur du droit général de la civilisation, sut obtenir de la haute loyauté du gouvernement de la reine une importante compensation dont la vieille école anglaise s'étonne encore, mais qui sera l'éternel honneur des souverains qui l'ont consentie et des ministres qui l'ont négociée.

Il était une question qui avait pesé, pendant des siècles, sur les relations des deux grands peuples et sur celles du monde entier, et sur laquelle l'Angleterre n'avait jamais voulu renoncer à ses prétentions ; cette question était celle des neutres. Ce droit, dont les abus, dans le passé, rappellent les plus cruelles iniquités des luttes maritimes de l'Europe, l'Angleterre s'était empressée d'en prendre acte, dès le début de la guerre avec la Russie, et en avait consigné le principe dans une première déclaration émanée du *Foreign-Office*, le 25 mars 1854. Il y était annoncé que les croiseurs anglais saisiraient les marchandises appartenant à des sujets russes, même sur des navires neutres (2). Trois jours après, grâce aux efforts du cabinet français, grâce à la haute sagesse du gouvernement britannique et aux effets heureux d'une alliance devenue intime, toute difficulté s'aplanissait à ce sujet : les deux grandes nations s'entendaient pour écrire, du même trait de plume, dans une déclaration nouvelle, l'abolition des armements en course et la mise en vigueur de la maxime tutélaire, devenue le droit public de l'Europe, que le pavillon couvre la marchandise. Ce double résultat fut aussitôt formulé dans les actes des deux gouvernements. Ainsi que nous l'avons dit, trois jours seulement avaient suffi pour trancher une question qui avait résisté au choc de tous les événements et avait survécu à toutes les tentatives faites par la diplomatie pour la résoudre. Cette renonciation à son droit, l'Angleterre l'inscrivit d'abord, à titre provisoire, dans la dé-

(1) Discours de lord Clarendon à la Chambre des Lords, et de lord Palmerston à la Chambre des communes, dans la séance du 5 mai 1856.

(2) *Moniteur* du 29 mars 1854 (Nouvelles Etrangères).

claration du 28 mars : elle est devenue ensuite l'un des articles de la déclaration du Congrès de Paris. Dès lors, son caractère était officiel. Si la France fit acte de déférence et de bon voisinage envers sa puissante alliée, en rayant le droit de course, l'Angleterre, en admettant que la marchandise est couverte par le pavillon, a fait une dérogation véritable à l'esprit tout entier des traditions britanniques. Il n'est personne qui, familiarisé avec son histoire, n'en apprécie la portée.

Pour bien comprendre la concession faite par l'Angleterre au progrès de la civilisation, il faut se rappeler les détails de nos guerres maritimes, et l'usage que la marine britannique, appuyée par sa diplomatie, a fait, durant tant de siècles, de ce qu'elle a considéré comme un droit dans ses rapports avec les neutres. Nous ne voulons rien dire qui puisse raviver des souvenirs qui semblent, grâce à Dieu, oubliés aujourd'hui. Néanmoins, il est à propos, au moment même où une grande nation abjure des traditions passées, de l'en féliciter, en lui rappelant les abus dont les mers, dominées par elle, et qui sont les grandes routes du monde, furent si longtemps le théâtre. Aussi bien, les deux nations doivent savoir faire la part des excès de tempérament et de caractère qui leur sont propres. La France, qui a montré sur terre, selon l'expression de M. de Maistre, une si grande force *prosélytique*, ne doit pas s'étonner de la persistance du génie anglais à vouloir conserver l'empire absolu de la mer. Cette prétention, il ne faut pas l'oublier, a été celle de tous les peuples qui ont, chacun à leur tour, occupé une mer. C'est ainsi que Venise réclama longtemps la possession exclusive de l'Adriatique : il en fut de même de Gênes pour la mer de Ligurie. L'Espagne et le Portugal, au temps de leur suprématie, se sont disputé l'Océan, et ne s'en remirent, de la décision de cette querelle, à défaut d'une lutte armée, qu'à l'intervention du pape Alexandre VI. Le gouvernement anglais, renonçant spontanément à des prétentions séculaires, n'en a que plus de mérite à nos yeux et nous devons l'en féliciter loyalement.

L'Angleterre a été la nation qui s'est appuyée le plus longtemps sur la vieille doctrine du *Consulat de la mer* (1). Cette doctrine, soutenue par les jurisconsultes diplomatiques, tels que Galliani et Azuni (2),

(1) *Le Consulat de la mer* est un recueil qui a été considéré comme le coutumier général de la mer pendant très-longtemps. Il fut rédigé à Barcelone ou à Marseille, à une époque incertaine, vers le treizième ou le quatorzième siècle. Il renfermait l'énoncé des usages reçus dans tous les Etats riverains de la Méditerranée. Plus tard, ses dispositions servirent de base au droit maritime international de l'Europe.

(2) Voyez le *Traité des Devoirs des Neutres*, de Galliani (*Dei doveri dei principi*

admettait la recherche et la confiscation des marchandises ennemies chargées sur navire neutre. Elle se fondait sur l'ancien principe que les belligérants doivent pouvoir saisir les marchandises ennemies, même sur navires neutres, parce que c'est là un moyen de nuire à son ennemi, à qui l'on doit toujours chercher à faire le plus de mal possible. Le système du *Consulat de la mer*, appuyé par les écrits des juristes du droit international, a longtemps servi de règle aux nations de l'Europe jusque vers le dix-septième siècle. Ce système présentait moins d'inconvénients, parce qu'il était admis généralement que les propriétés ennemies étaient saisissables, quelle que fût la nationalité du navire qui les portait. L'Angleterre, dont la marine fut nombreuse de très-bonne heure, et qui vivait pour ainsi dire sur la mer, a montré plus de persistance que toute autre nation à tenir à ces principes, quoiqu'ils fussent contraires à l'esprit et à la lettre de la grande Charte d'Angleterre (1), et il n'y a pas longtemps encore, c'est dans le *Consulat de la mer*, corps de droit qui date du treizième siècle, qu'elle puisait la règle qu'elle faisait appliquer par ses cours d'amirauté. Cependant, il lui est arrivé d'y déroger dans des traités, à diverses reprises, et d'admettre plusieurs fois que le pavillon neutre communiquerait sa neutralité aux marchandises placées à bord. Néanmoins, elle ne voulut jamais tenir compte, dans l'application, de ces stipulations des traités, et elle est toujours restée fidèle aux principes du *Consulat de la mer*.

L'histoire nous apprend que, dès le seizième siècle, l'Angleterre ayant saisi les marchandises neutres, François Ier, usant de représailles, autorisa les mêmes procédés par un édit de 1543, et qu'un édit de 1584 vint renouveler ces dispositions. A l'époque où fut négocié le mariage de Henriette de France avec Charles Ier, l'ambassadeur de France, le maréchal de Bassompierre, fut chargé d'adresser au gouvernement anglais des représentations à raison des faits regrettables auxquels donnait lieu la violation incessante du droit des neutres par la marine britannique. Une commission de juristes et d'hommes d'État anglais fut nommée pour examiner la question, et elle maintint la doctrine, déjà surannée aux yeux de la France, du *Consulat de la mer*. La France, au contraire, arbora les

neutrali. Napoli, 1782), et Azuni (*Principes du droit maritime de l'Europe*, 2 vol. in-8°. Tome II, chap. I, art. 2, et chap. III, p. 165). Voyez aussi Pardessus, *Collection de lois maritimes*, *Consulat de la mer*, chap. CCLXXVI, p. 303, et Martens, *Droit des Gens*, tome II, p. 345.

(1) « La grande Charte des Anglais défend de saisir et de confisquer, en cas de guerre, les marchandises des négociants étrangers, à moins que ce ne soit par représailles. Il est beau que la nation anglaise ait fait de cela un des articles de sa liberté. » (MONTESQUIEU, *Esprit des Lois*.)

principes qui sont passés aujourd'hui dans le droit public du monde civilisé, l'édit de 1584 n'étant qu'une mesure toute transitoire et qui n'avait été libellé qu'à titre de représailles. Le maréchal de Bassompierre était chargé, en même temps, d'insister auprès de l'amirauté britannique pour obtenir une définition exacte de ce que l'Angleterre qualifiait de contrebande de guerre, le vague de cette définition amenant les plus graves confusions dans les relations maritimes des deux pays. Nous ajouterons que l'Angleterre considéra comme étant de l'intérêt de sa prépondérance maritime d'ajourner la question de la définition exacte de la contrebande de guerre, cette lacune lui donnant une liberté favorable dans ses opérations de toute nature. La définition, demandée en 1626 par l'ambassadeur de France, fut si peu concertée, qu'il y a une quinzaine d'années encore James Readdie, dans son ouvrage sur les lois maritimes internationales, publié en 1844 à Édimbourg (1), en est réduit à donner de la contrebande de guerre une définition non moins vague que celle contre laquelle réclamait le maréchal de Bassompierre.

La France n'en continua pas moins à soutenir encore pendant longtemps, malgré l'Angleterre, les principes favorables à la liberté des mers. L'ordonnance du 1er février 1650 dérogea formellement aux dispositions de l'édit de 1584 ; mais, en présence de la persistance de son adversaire naturel, le gouvernement de Louis XIV fut obligé d'entrer, ainsi que celui de François Ier, dans la voie des représailles, comme Napoléon Ier sera lui-même contraint d'y entrer plus tard, à son tour, par les décrets de Milan et de Berlin, au commencement de ce siècle. Les édits de 1639 et 1650 déclarent de bonne prise toutes marchandises ennemies saisies à bord des amis ou neutres (2). Ces principes sont maintenus dans la grande Ordonnance de la marine de 1681, ce beau monument de la législation de la marine, qui fut élevé à une époque où l'administration de la marine était confiée à des hommes supérieurs (3). Néanmoins en-

(1) *Researches historical and critical in maritime international law*, by James Readdie, *Esq*. Edimburg, 1844.

(2) Malgré ces représailles nécessaires, on voit, en 1646, la France signer, avec la Hollande, un traité où il est posé en principe que le pavillon neutre protége la marchandise qu'il couvre, à l'exception de la contrebande de guerre. Des dispositions analogues se font remarquer dans les traités de la fin du dix-septième siècle.

(3) L'ordonnance de 1681 définit nettement la contrebande de guerre, et regarda comme telle « les armes, les poudres, les boulets et autres munitions de guerre, les chevaux et les équipages. » Cette définition fut scrupuleusement appliquée. L'Angleterre maintint dans cette nomenclature cette phrase, qui laissa la porte ouverte à tous les abus : « Et les autres objets qui, quoiqu'on ne s'en serve pas généralement dans les vues de guerre, peuvent, cependant, venir en aide à ces desseins. » (James Readdie, *Researches historical... in maritime law*. Edimburg, 1844.)

core, les conseils de prises n'appliquèrent qu'avec réserve ces dispositions de représailles, qui les autorisaient à déclarer valable la confiscation du navire neutre sur lequel on avait trouvé des marchandises ennemies, et l'on voyait alors un arrêt du Conseil du 26 octobre 1692 se borner à prononcer la confiscation des marchandises saisies. L'Angleterre, au contraire, n'était point arrêtée par la pensée d'appliquer aux neutres, dans toute sa rigueur, la vieille doctrine du Consulat de la mer. Guillaume III mettait en usage le système du *blocus sur le papier*, ou blocus de cabinet — *blockade paper* — que le gouvernement britannique a depuis si souvent pratiqué. Par un acte du 22 août 1689, tout le littoral de la France, sous Louis XIV, fut déclaré en état de blocus, et le commerce fut interdit aux neutres, non-seulement avec les points gardés effectivement, mais encore avec les ports dont les accès étaient demeurés libres. L'Angleterre, comme on le voit, combattait alors Louis XIV avec les mêmes armes qu'elle employa, deux siècles plus tard, contre Napoléon. Dans l'une comme dans l'autre de ces deux glorieuses époques, c'est bien la France qu'elle voulait frapper, et non pas une dynastie (1).

Le traité d'Utrecht, qui fut, comme on sait, conclu en 1713, entre l'Angleterre, la France et la Hollande, est considéré comme la loi commune des nations modernes. Il contient des dispositions relatives au droit des neutres (2). Il proclama le nouveau principe : *navire libre, marchandise libre, — navire ennemi, marchandise ennemie.* La France y définissait la contrebande de même que dans l'ordonnance de 1681. L'Angleterre se trouvait ainsi liée, comme malgré elle, du moins sur le papier, à cette définition bien nettement tracée. Mais, entraînée hors des limites du droit par des ministres passionnés qui surexcitèrent son patriotisme, elle ne cessa d'être amenée, dans toutes nos guerres, à l'oubli de ces principes. Elle se laissa même pousser à méconnaître, dès cette époque, comme elle le fit plus tard, sous Napoléon Ier, non-seulement les termes des

(1) Dans son *Histoire du Consulat et de l'Empire*, M. Thiers s'est mépris gravement, lorsqu'au vingt-sixième Livre, il dit que le *blocus sur le papier* fut imaginé contre Napoléon par l'Angleterre. Le blocus sur le papier ne fut pas *imaginé* contre Napoléon, par une raison fort simple, c'est qu'il avait été déjà précédemment appliqué deux fois par l'Angleterre, premièrement contre Louis XIV, en 1689, ainsi que nous venons de le dire; secondement contre Louis XV, en 1756. Lorsque, au commencement du siècle, les côtes de France furent bloquées sur le papier par l'Angleterre, cette mesure apparaissait dans l'histoire au moins pour la troisième fois.

(2) Le duc de Bassano, ministre des affaires étrangères, disait dans un rapport adressé à l'Empereur et lu au Sénat le 15 mars 1812 : « Sire, les droits des États neutres ont été réglés solennellement par le traité d'Utrecht, devenu la loi commune des nations. » (*Moniteur du 16 mars* 1812.)

traités, mais les règles du droit des gens, et, il faut bien le dire, les lois même de l'honneur. Nous ne voulons pas insister sur cette partie de l'histoire, en ce moment surtout, où, comme nous l'avons fait remarquer, toutes ces erreurs sont noblement abjurées. Nous ne parlerons ni de la manière dont commença la guerre de Sept ans, en 1755, et de la capture, en pleine paix, des vaisseaux *le Lys* et *l'Alcide*, sous le ministère du duc de Mirepoix, ni des nouveaux abus du *blocus sur le papier* et du *coup de semonce* (1). Lorsque le gouvernement de Louis XV fit entendre, en 1763, de timides réclamations relativement à des prises faites *avant* la déclaration de la guerre de Sept ans, le premier Pitt les laissa sans suite (2). Son fils, William Pitt, devait bientôt, en lui succédant, continuer et aggraver, sous la République et le Consulat, le système de la guerre à outrance, que le peuple anglais condamne aujourd'hui, au nom de son bon sens et de son esprit pratique, puisque la lutte de la France et de l'Angleterre n'a point rempli le but que se sont proposé les deux Pitt, qui était l'affaiblissement de l'une ou de l'autre des deux nations (3).

(1) Le *coup de semonce* était le coup de canon tiré pour avertir le navire qu'on rencontre, pour le sommer de s'arrêter et de se prêter à la visite. On arbore en même temps son pavillon pour faire connaître sa nationalité. Il arriva que les Anglais tiraient le coup de semonce et arboraient un pavillon neutre, afin de s'approcher avec plus de sécurité de la proie qu'ils convoitaient. Ce genre de surprise motiva, dans le préambule d'une ordonnance de 1696, le blâme de la France, qui en interdit formellement la représaille à ses officiers, en déclarant ce procédé « contraire à la foi publique et à l'honneur du pavillon français. » Soixante ans plus tard, Valin déclare ce moyen « contraire à l'honneur et à la probité, entaché de lâcheté et de perfidie et ne pouvant être en aucun cas justifié, même par l'exemple de l'ennemi. » (Valin, *Traité des Prises*, ch. IV, sect. I, p. 42.)

(2) On connaît la réponse du premier Pitt aux réclamations de la France et de l'Espagne : « Si nous voulions être justes envers la France et l'Espagne, nous aurions trop à restituer. Les affaiblir et les combattre est notre unique loi, la base de nos succès. »

(3) La nation anglaise elle-même s'est très-souvent montrée animée pour la France des sentiments les plus honorables d'équité et de sympathie, malgré l'aveugle politique de ses cabinets. C'est ainsi qu'antérieurement même à l'avénement de l'empereur Napoléon Ier au gouvernement de la France, elle témoigna sa désapprobation de la conduite que ses ministres lui faisaient tenir à l'extérieur. Dès le moment déjà où le général Bonaparte allait prendre le commandement en chef de l'armée d'Italie, en 1796, le peuple anglais manifestait hautement son désir d'avoir la paix avec la France. Les habitants de Londres, l'opposition, la réclamaient à grands cris ; de nombreux meetings votaient les adresses les plus hardies et les plus menaçantes contre le système de guerre embrassé par les ministres. Quand, à cette même époque, le Roi se rendit au Parlement, il fut assailli à coups de pierres et les glaces de sa voiture furent brisées. Pitt, qui traversait la ville à cheval, fut reconnu, poursuivi de clameurs jusqu'à son hôtel et couvert de boue. C'est en ce moment que Fox et Sheridan demandèrent compte aux ministres des sommes énormes qu'ils

La guerre de l'indépendance d'Amérique, qui avait allumé au cœur des deux Pitt l'étincelle de ce feu qui devait embraser le monde, fut, au contraire, pour la France, l'occasion d'abandonner à tout jamais les principes qu'elle avait été obligée de conserver à titre de représailles. Elle admit, pour ne plus s'en départir, le principe que le pavillon couvre la marchandise. Par l'article 1er du règlement du 28 juillet 1778, le roi fit défense à tous armateurs d'arrêter et de conduire dans les ports du royaume les navires des puissances neutres « quand même ils sortiraient des ports ennemis ou qu'ils y seraient destinés. » Il va sans dire que la contrebande de guerre, seule, demeurait sous le coup de la capture. Quoique ce règlement ne s'exprime pas en termes formels, les publicistes et les légistes, qui font autorité en matière de droit des gens et de législation maritime et commerciale, tels que Merlin, Massé, Hautefeuille, n'hésitent pas à professer l'opinion (1) que ce règlement contient implicitement le principe : *navire libre, marchandises libres*. C'est dans ce sens qu'il a été constamment appliqué par le Conseil des prises (2). Les autres puissances, qui étaient neutres dans la guerre de l'Indépendance de l'Amérique, ont presque toutes adhéré à la déclaration de la neutralité armée, qui proclamait que le pavillon couvre la marchandise. L'Espagne, qui était unie à la France par le pacte de famille et qui prit parti, dans cette lutte, en faveur des États-Unis contre l'Angleterre, adopta les principes du règlement du 26 juillet 1778. Ainsi que nous l'avons dit, la République française, reprenant le cours d'odieuses représailles, fixa momentanément, par sa loi du 29 nivôse an VI, la qualité de neutre ou d'ennemi, d'après la nature de la cargaison. Mais le règlement de 1778 fut remis en vigueur le 29 frimaire an VIII par un arrêté consulaire, et il est resté, sauf les mesures exceptionnelles décrétées sous l'Empire, la loi maritime de la France, jusqu'à nos jours où elle est devenue la loi maritime du monde : nous arrivons à la Déclaration du Congrès de Paris.

Nous ne nous appesantirons pas sur les désastres maritimes éprouvés successivement par la France et par l'Angleterre sous l'Empire, parce que ces faits sont aujourd'hui jugés par l'impartial

avaient dépensées pour susciter des ennemis à la France, et leur montrèrent la Hollande conquise, les Pays-Bas, la Savoie, les Alpes maritimes incorporées à la république française. — Pitt voulut excuser le gouvernement en disant, au sujet de Quiberon, que du moins le sang anglais n'y avait pas coulé. « Oui, repartit noblement Sheridan, mais l'honneur anglais y a coulé par tous les pores... »

(1) Voyez Merlin, *Répertoire*, v° *Prises maritimes*, § 3, art. 3. — Massé, *Droit commercial*, t. Ier, p. 237 ; *en note*, Hautefeuille, *des Droits et des Devoirs des nations neutres*, 1848-1850, t. III, p. 272.

(2) De Pistoie et Duverdy, *Traité des prises*, t. Ier, p. 344.

bon sens des deux nations. Disons seulement que jamais les inconvénients de la législation relative aux neutres ne furent plus complétement mis en lumière : il n'est pas jusqu'aux bateaux pêcheurs qui ne furent inquiétés par cette lutte insensée et fratricide livrée entre eux par des peuples chrétiens (1). On visitait à la mer les bâtiments neutres, on confisquait les marchandises, on saisissait la plupart du temps les hommes. Par le *blocus sur le papier,* on interdisait le commerce, sur une immense étendue de côtes, à des nations complétement étrangères à la querelle des belligérants. Pendant longtemps, l'Angleterre exigea même que les marines neutres vinssent chercher à Malte ou à Londres la permission de naviguer, sous peine d'être traitées en ennemies. C'est à cette prétention que Napoléon Ier répondit par les décrets de Berlin et de Milan. L'empereur déclara dénationalisés tous les bâtiments qui se seraient soumis à l'obligation d'aller chercher en Angleterre leur permis de navigation. Les flottes secondaires étaient annulées et n'osaient paraître. La marine des États-Unis, se voyant interdire la navigation des mers de l'Europe, Napoléon révoqua pour elle les décrets de Berlin et de Milan, et l'Amérique entra alors en lutte avec l'Angleterre.

Lorsque la guerre contre la Russie fut résolue de nos jours, et que la France, alliée de l'Angleterre, se résolut à une coopération armée, le gouvernement de l'Empereur publia (2) la déclaration du 29 mars 1854, par laquelle il fit connaître qu'après s'être concerté avec le gouvernement de Sa Majesté Britannique, « il ne saisirait pas la propriété de l'ennemi chargée à bord d'un bâtiment neutre, à moins que cette propriété ne fût de la contrebande de guerre. » Un ordre du conseil de Sa Majesté Britannique, portant la date du 28 mars, proclama les mêmes résolutions (3). Ainsi fut reconnu par l'Angleterre (4) un grand principe qu'elle avait toujours repoussé, même

(1) Les bateaux pêcheurs avaient toujours été considérés comme à l'abri des hostilités des deux puissances belligérantes. Cette coutume datait du moyen âge ; elle est mentionnée par Froissart en ces termes : « *Pescheurs sur mer, quelque guerre que soit en France et en Angleterre, jamais ne se firent mal l'un à l'autre, ainçois sont amis et s'aident l'un et l'autre au besoin.* » Elle est mentionnée par Cleirac, dans sa *Juridiction de la marine*, sous la dénomination de *trêves pescheresses.* Cet usage touchant fut foulé aux pieds par un ordre du cabinet anglais du 24 janvier 1793, qui autorisa la saisie des bateaux pêcheurs français et hollandais. Malgré ces ordres, le Premier Consul ne voulut pas consentir à sanctionner une telle mesure par des représailles, et, fidèle à la vieille tradition française, il se contenta de renouveler les ordres en sens contraire donnés par Louis XVI au commencement de la guerre d'Amérique. L'Angleterre ne céda que lorsque le Premier Consul déclara que les plénipotentiaires, chargés alors de négocier une trêve, ne négocieraient qu'à ce prix.

(2) *Moniteur* du 30 mars 1854.

(3) *Gazette de Londres* du 18 avril 1854.

(4) L'avenir est impénétrable et il n'est aucun des hommes d'Etat signataires des

depuis le traité d'Utrecht, aussi bien qu'avant, et qui était devenu cependant, à dater de cet acte célèbre, selon l'expression du duc de Bassano, « la loi commune des nations. »

On connaît les circonstances qui ont accompagné le Congrès de Paris; nous n'en dirons rien particulièrement. Les protocoles de cet acte célèbre, qui tient désormais une place si importante dans le droit de l'Europe, ont été publiés et sont présents à la mémoire de tous. Pour achever son œuvre, le Président, M. le comte Walewski, a cru devoir saisir le Congrès de la motion dans des termes qui méritent d'être replacés sous les yeux du lecteur : « Le Congrès de Westphalie, a dit M. le comte Walewski, a consacré la liberté de conscience; le Congrès de Vienne, l'abolition de la Traite des noirs et la liberté de la navigation des fleuves. Il serait digne du Congrès de Paris de mettre fin à de trop longues dissidences, en posant les bases d'un droit maritime uniforme en temps de guerre, par l'abolition de la course et par le principe que le pavillon neutre couvre la marchandise ennemie, comme la marchandise neutre est respectée même sous pavillon ennemi. » Telle fut la proposition faite par le Président du Congrès de Paris. Tout le monde sait qu'elle fut alors accueillie avec empressement par l'unanimité de l'assemblée et qu'elle fut, depuis, reçue avec gratitude par les navigateurs et les commerçants du monde entier.

Voici le texte de la déclaration du Congrès, tel qu'il a été arrêté et libellé le 16 avril 1856. Quoique ce document soit bien connu, sa place n'en est pas moins marquée nécessairement dans ce travail : « Les plénipotentiaires, qui ont signé le traité de Paris du 30 mars 1856, réunis en Conférence, considérant que le droit maritime, en temps de guerre, a été pendant longtemps l'objet de contestations regrettables; que l'incertitude du droit et des devoirs, en pareille matière, donne lieu, entre les neutres et les belligérants, à des divergences d'opinions qui peuvent faire naître des difficultés sérieuses et même des conflits; qu'il y a avantage, par conséquent,

actes du Congrès de Paris qui puisse penser que les principes qu'il consacre seront à tout jamais observés. Aucun d'eux n'ignore qu'il existe deux traités qui proclamèrent l'abolition de la course, dont l'un fut violé par la force des choses, et dont l'autre ne fut pas renouvelé sur ce point. Le premier est le traité du 26 novembre 1675, entre la Suède et la Hollande (voy. Dumont, t. VII, p. 316 et 422); le second est le traité de 1785, conclu entre la Prusse et les États-Unis. Ce dernier acte fut renouvelé en 1799 et la clause de renonciation à la course n'y fut point renouvelée. Quoi qu'il en soit de ces revirements de principes, on peut dire que les temps sont bien changés aujourd'hui, que les progrès de la raison publique sont immenses, et que tout porte à croire que la déclaration du Congrès de Paris ouvre une ère nouvelle, où il est même permis d'entrevoir des réformes plus radicales encore, telles que l'inviolabilité absolue de la marchandise.

à établir une doctrine uniforme sur un point aussi important; que les plénipotentiaires, assemblés au Congrès de Paris, ne sauraient mieux répondre aux intentions dont leurs gouvernements sont animés, qu'en cherchant à introduire dans les rapports internationaux des principes fixes à cet égard; dûment autorisés, les susdits plénipotentiaires sont convenus de se concerter sur les moyens d'atteindre ce but, et, étant tombés d'accord, ont arrêté la déclaration solennelle ci-après : 1° la course est et demeure abolie ; 2° le pavillon neutre couvre la marchandise ennemie, à l'exception de la contrebande de guerre ; 3° la marchandise neutre, à l'exception de la contrebande de guerre, n'est pas saisissable sous pavillon ennemi; 4° les blocus, pour être obligatoires, doivent être effectifs, c'est-à-dire maintenus par une force suffisante pour interdire réellement l'accès du littoral ennemi. Les gouvernements des plénipotentiaires soussignés s'engagent à porter cette déclaration à la connaissance des États qui n'ont pas été appelés à participer au Congrès de Paris et à les inviter à y accéder. Convaincus que les maximes qu'ils viennent de proclamer ne sauraient être accueillies qu'avec gratitude par le monde entier, les plénipotentiaires soussignés ne doutent pas que les efforts de leurs gouvernements, pour en paralyser les effets, ne soient couronnés d'un plein succès. La présente déclaration n'est et ne sera obligatoire qu'entre les puissances qui y auront accédé (1). » Ainsi se sont trouvés consacrés les grands principes de droit maritime, y compris celui de la suppression du *Blocus sur le papier*, pour lesquels la France avait combattu si longtemps et dans l'adoption desquels elle avait eu l'honneur d'entraîner l'Angleterre.

On sait que le gouvernement de l'Empereur s'est empressé de communiquer cette déclaration à toutes les puissances qui n'étaient pas représentées au Congrès de Paris, en les invitant à y accéder. L'accueil le plus favorable a été fait à cette ouverture, et la plupart des États ont adopté les principes proclamés par le Congrès, à

(1) Il n'est pas inutile de consigner ici les nobles paroles prononcées à cette occasion par le comte de Clarendon, dans la séance du 8 avril. Voici le paragraphe qui y est relatif : « M. le comte de Clarendon rappelle qu'ainsi que la France, l'Angleterre, au commencement de la guerre, a cherché par tous les moyens à en atténuer les effets, et que, dans ce but, elle a renoncé, au profit des neutres, durant la lutte qui vient de cesser, à des principes qu'elle avait jusque-là invariablement retenus. Il ajoute que l'Angleterre est disposée à y renoncer définitivement, pourvu que la course soit également abolie pour toujours : que la course n'est autre chose qu'une piraterie organisée et légale, que les corsaires sont un des plus grands fléaux de la guerre, et que notre état de civilisation et l'humanité exigent qu'il soit mis fin à un système qui n'est plus de notre temps. » (*Protocole du Congrès de Paris*, n° 22.)

l'exception de l'Espagne, des États-Unis et du Mexique, qui se sont approprié l'esprit de la déclaration, sous des réserves qui, nous l'espérons, trouveront satisfaction.

Lorsque le comte de Sartiges, notre ministre plénipotentiaire à Washington, fit part au cabinet américain de la déclaration du Congrès de Paris, M. Marcy, alors secrétaire d'État des affaires étrangères de l'Union, lui remit, sous la date du 28 juillet 1856, une note dont voici le sens : « Le cabinet américain reconnaissait les inconvénients de la course, mais ces inconvénients lui paraissaient inhérents à l'état de guerre lui-même. Le Congrès de Paris, en se bornant à abolir la course, avait mis la marine marchande des différentes nations du monde à la merci de la marine militaire des puissances dominantes, ou, pour mieux dire, de la puissance prépondérante sur mer. Le commerce d'une seule nation, ajoutait M. Marcy, semblait intéressé à l'abolition de la course, cette arme du plus faible contre le plus fort. Il fallait donc, à son avis, proclamer en même temps le principe de l'inviolabilité de la marine marchande, en supprimant le droit de prise d'une manière absolue. Dans ce but, le gouvernement américain, voulant s'associer aux sentiments d'humanité qui avaient dicté la résolution du Congrès de Paris, proposait aux signataires de la déclaration du 16 avril 1856, de renoncer d'une manière absolue au droit de prise maritime. » Telle fut la substance de cette note, qui devint, il y a un an, l'objet de vives discussions dans les Chambres anglaises. Le premier lord de la Trésorerie montra une extrême réserve sur le fond de la question, en faisant remarquer que « c'était le précédent gouvernement des États-Unis qui avait fait cette communication, et non le nouveau (1). » Le cabinet français n'a pas fait connaître sa pensée (2).

On comprend que le gouvernement des États-Unis ait pu hésiter dans son adhésion, en présence d'une mesure comme celle de l'abolition de la course. On sait que les États de l'Union n'ont, par principe, que peu ou point de marine militaire. Leur marine marchande est pour eux, en cas de guerre, un auxiliaire indispensable; elle remplace même presque complétement leur marine militaire absente, comme cela avait lieu en France au seizième siècle. L'Union américaine aurait donc en main une arme de moins que ses adversaires, et c'est ce qui la porte à réclamer l'inviolabilité de la marine marchande. Si la question était aussi simple qu'elle paraît

(1) Discours de lord Palmerston à la Chambre des Communes (Séance du 14 juillet 1857).

(2) Rapport présenté à l'Empereur par M. le comte Walewski, ministre des affaires étrangères (12 juin 1858).

l'être, la situation présente des esprits, telle qu'elle s'est manifestée dans la déclaration du Congrès de Paris, autorise à penser qu'on pourrait peut-être arriver, dans un temps donné, à stipuler, ainsi que le demande le cabinet de Washington, la liberté absolue de la mer. Mais la question est des plus graves ; elle soulève tout un ordre d'idées qui n'est point du ressort de la politique pratique, et qui peut entraîner à des conséquences dont il est difficile de calculer la portée. Pour être logiques, les États-Unis devront demander l'abolition absolue du blocus et des bombardements, corollaire nécessaire de la suppression du droit de prise. Comment les Américains pourront-ils admettre que leurs marchandises circuleront en toute sécurité sur les mers, tandis qu'on viendra bloquer, bombarder et incendier leurs ports, leurs villes et leurs magasins? Or, demander la suppression des blocus et des bombardements, c'est demander la suppression de la guerre, et c'est tomber ainsi dans le domaine de l'utopie pure. « D'ailleurs, répond-on avec justesse aux États-Unis, vous avez une marine marchande considérable. Rien ne vous empêche, en cas de guerre, de la transformer en marine militaire. Vous n'avez, pour cela, qu'à hisser une flamme au grand mât de vos bâtiments et à donner un uniforme à vos officiers. En peu de jours, vous aurez ainsi une flotte nombreuse qui, sans être en mesure de livrer des batailles rangées, vous rendra les mêmes services que ceux que vous auriez obtenus des corsaires. Ne voulant pas avoir de marine militaire, vous vous placez en dehors de l'état commun des nations. N'entravez donc pas des mesures générales, utiles et généreuses par les appréhensions dont vous ne devez demander compte qu'à votre état anormal d'isolement. » C'est en ces termes que peut se résumer le débat.

Notre intention n'est pas de discuter la question toute spéciale au point de vue de laquelle se sont placés les États-Unis, et qui est, d'ailleurs, l'objet de négociations entamées; nous n'avons ni le désir, ni la mission de parler, au nom de qui que ce soit, sur un sujet aussi délicat. Par les quelques mots qui précèdent, nous avons voulu seulement indiquer que la demande subsidiaire, formulée par le cabinet de Washington, était beaucoup plus sérieuse au fond qu'elle ne le semble au premier abord. Notre but, aujourd'hui, est d'éclairer le lecteur sur le sens général de la déclaration du 16 avril, dans ses trois objets, qui sont : l'abolition de la course, la suppression du blocus sur le papier et la consécration du droit des neutres. Les idées généreuses qui ont été proclamées par le Congrès auront, nous n'en doutons pas, une grande influence sur l'avenir de notre législation maritime; elles y apporteront peut-être un jour des modifications et des améliorations qu'il est difficile de prévoir.

Il est donc permis d'espérer, en ce qui concerne le différend avec les États-Unis, que tout ce qui pourra être fait dans le sens des intérêts de ce jeune peuple le sera un jour dans les limites du droit et de la justice.

C'est un admirable spectacle que celui que présente en ce moment notre grande époque. Le dix-neuvième siècle semble avoir atteint sa période de maturité, et il se produit autour de nous, dans l'ordre des faits, un mouvement analogue à celui qui s'est produit vers les dernières années du dix-huitième siècle, dans l'ordre des idées. La raison publique, qui a fini par pénétrer dans les gouvernements, mûrit, dans le silence de la paix, sans précipitation, sans illusion, les questions les plus hautes de la politique et de l'histoire, puis elle les résout d'un trait de plume, après les avoir entourées de toutes les garanties de succès. Il semble que la France, sous le gouvernement des Napoléons, et l'Europe, sous le patronage de la France, jouissent du plein et puissant exercice de leurs facultés. Les résolutions les plus difficiles à prendre se formulent et aboutissent par le seul accord des volontés et par l'effet des concessions mutuelles qui, dictées par le bon sens et le bon esprit, ne coûtent rien à la dignité de personne (1). Cette disposition générale est un bienfait pour le présent comme un gage pour l'avenir. Le Congrès de Paris, en transformant en actes solennels les principes désormais acquis au dix-neuvième siècle de l'abolition de la course et de la neutralité de la marchandise sous pavillon neutre, a consacré des principes qui, par suite du progrès des idées et de l'état actuel de la civilisation, peuvent passer déjà dans le domaine de la réalité. Nous avons fait ressortir l'importance de ce premier principe, en plaçant sous les yeux du lecteur l'historique de la législation des neutres, dans ses rapports avec l'histoire de nos guerres maritimes. Il nous a suffi de montrer combien l'Angleterre a insisté pour conserver des droits qui lui semblaient le *palladium* de sa souveraineté maritime, pour montrer en même temps toute la portée de l'acte du 16 avril 1856. De même que la France a fait acte de modération et de puissance, en se déclarant disposée à abolir les armements en course, avec lesquels elle pouvait encore inquiéter l'Angleterre, de même, l'Angleterre a fait acte d'équité et de modération en renonçant à des moyens, réputés contestables, à l'aide desquels elle inquiétait la sécurité des neutres. Ces grandes idées de politique

(1) Nous avons la satisfaction d'avoir prévu, avant même que le second Empire fût né, les résultats si extraordinaires de la politique napoléonienne et de l'alliance anglaise. Toutes ces prévisions, à quelques égards prophétiques, sont consignées dans notre brochure, publiée sous la République et intitulée : *De la nécessité du rétablissement de l'Empire*. Paris, Plon frères, in-8o. 1852.

généreuse, et, si l'on peut ainsi parler, de philosophie appliquée, étaient, comme on l'a vu, le patrimoine des siècles. La gloire de notre temps et du gouvernement de l'Empereur est d'avoir saisi le moment favorable pour donner satisfaction à des idées arrivées à leur point de maturité. Le propre de la diplomatie, et c'est là qu'est le succès pour elle, est de savoir obtenir, de la puissance avec laquelle elle traite, une concession avantageuse, au moment où elle en accorde elle-même une autre dont le caractère de nécessité est évident : ce succès, notre diplomatie l'a obtenu. Il n'y a point à rechercher de quel côté se trouve l'avantage. Il est tout entier dans ce grand exemple que donnent au monde les deux premières nations de l'Europe, en avouant hautement leur intention de restreindre les maux de la guerre et de respecter, en tout état de cause, la propriété, comme la vie, des personnes qui ne sont point engagées dans le combat. Ces principes, pour lesquels la France a, sans cesse, combattu, durant des siècles, sont dignes des deux grandes nations qui les ont fait consacrer dans les protocoles du Congrès de Paris. C'est un des plus beaux triomphes du gouvernement de l'Empereur; c'est un véritable titre de gloire pour le ministre qui, en présidant le Congrès de Paris, a eu l'immortel honneur d'y attacher son nom.

HENRY D'ESCAMPS.

— CORBEIL, typ. et stér. de CRÉTÉ. —

www.ingramcontent.com/pod-product-compliance
Ingram Content Group UK Ltd.
Pitfield, Milton Keynes, MK11 3LW, UK
UKHW020521180726
13839UKWH00005B/2238

9 782329 579412